Guiseppe Lorenzo Dinelli

AF222747

Vom

Jetzt

zur

Ewigkeit

Zeitlose Gedichte von Liebe, Melancholie
und unsterblicher Vergänglichkeit

Vorwort:

Schon so manches Schicksal hat diese Erde miterlebt, doch kaum eines wird von so entscheidender Bedeutung sein, wie das unsrige.

Meine Generation hat alles vorgefunden, was benötigt wird, um dem langen Spiel der Erde ein Ende zu bereiten. Die Natur ist fast zerstört, die Rüstung hat Höllenmaschinen erschaffen und die Gesellschaft steht vor dem Ruin, wie auch der Staat.

Der Erdball liegt an einem Abgrund und ein kleiner Schubs genügt, ihn dort hinab zu stürzen.

Viele von uns Menschen wissen nicht mehr, woran sie noch glauben sollen, woran ihre Hoffnungen knüpfen?

Es ist der Glauben an ein fernes, unbestimmtes Etwas, was den letzten Halt gewährt, aber auch der Glaube an uns selbst.

Tiefsinn der aus Trauer rührt macht trotz allem Hoffnung. Reflektion und Selbsterkenntnis, aber auch der Humor, helfen uns, die Zeit bis zur Erfüllung dieser Hoffnung leichter zu überstehen.

Gefiederte Erkenntnis

Wohin trägt uns die Feder des Lebens,
auf unserem Flug durch luftleeren Raum,
trägt sie uns nicht oft vergebens -
ist das Leben nur ein Traum?

Im unbestimmten Spiel der Winde
tanzt sie scheinbar ohne Ziel,
vor den Augen eine Binde,
die nichts sehen - kein Gefühl.

Kreist sie um das Zentrum allen Wissens -
auf dem Strudel des Vermissens,
der erst in das Innere führt,
wenn man selbst statt einer Feder spürt?

Und wenn der Sturm zum zarten Wind erblasst
durch die Hand, die ihm das Leben hat geschenkt,
so ist doch noch nicht erfasst
wie die Feder fliegt und wer sie lenkt.

Dort wo die Feder nieder geht
an einem Ort, der niemals war,
zeigt sich, dass man erst versteht,
ist man diesem Orte nah.

All dies schreibt eine Feder nieder,
doch allein noch kein Gefieder,
ein Gefieder noch kein Vogel,
fragt man sich doch immer wieder:
Was hilft Tiefsinn nur allein
wie ist es, einfach Mensch zu sein?

Am Klavier

Den ganzen Tag schon am Klavier,
sitze ich – völlig ohne Noten,
keine Melodie erklingt aus mir,
die Finger voller Knoten.

Wo sind Mozart, Strauß und Bach –
wohin all die vielen Töne?
Heute machen sie meist Krach,
verborgen bleibt das Schöne.

Doch so lange ich auch sitzen muss,
um klangvoll die Saiten anzuschlagen,
kommt doch niemals auf Verdruss –
werd´ nie nach der Müh´ ich fragen.

Denn die Lüfte werden immer schwingen,
wenn meine Lieder einst erklingen.

Der Soldat

Ein Soldat, der hatte die Truppe verloren,
er war schon sehr müde und halb erfroren.
Dann lief er los, doch in die falsche Richtung,
genau hinaus auf die Waldeslichtung.

Er rief: " Lasst mich am Leben,
ich werd' mich ergeben! "

Da war es vorbei mit der Dichtung.

Angst vor Dir

Heute hatte ich Angst vor Dir
und nicht zum ersten Mal -
vielleicht doch eher Angst vor mir,
vor den Folgen meiner Wahl.

Von Herzen mich für Dich entschieden,
ein neues Leben für die Welt
und ganz bewusst vermieden,
zu denken an Karriere, Luxus, Geld.

Ich selbst gerne noch ein Kind,
wenn auch eins im Manne,
das erwachsen zu werden beginnt,
ganz in Deinem Banne.

Der Arzt, er sprach von "Risiko"
und wir machen uns Sorgen,
wären gerne einfach froh,
ohne Angst vor morgen.

Doch ich hoffe - glaub zu wissen,
Du wirst kommen mich zu küssen,
wirst " Papa "zu mir sagen
und mich in die Zukunft tragen.

Auf die Jugend

Wer spielt heute noch mit Kindern,
fragt sich, was sie gerade fühlen -
können wir den Untergang verhindern,
die Brennstäbe wieder kühlen?

Wer sieht heute noch ein fallend Blatt,
das lautlos durch die Lüfte treibt,
sind wir alle nicht zu glatt,
niemand mehr Geschichte schreibt.

Wo sind all die Taugenichtse - Scharlatane,
wer wandelt heute auf den Spuren von Fontane,
wer liest Goethe mit Genuss
und nicht nur weil er es muss?

Wer sind heut die großen Geister -
gelehrige Schüler und alte Meister –
wo ist das Wechselspiel der Kräfte,
Entstehen und Schwinden der Lebenssäfte?

Sich an schönen Geistern zu erbauen,
ist des Lebens höchster Lohn.
Kommt - lasst uns alle schauen,
vielleicht steckt einen Schöngeist in jedem Sohn.

Krieg der Sterne
oder
eine Nacht in
Dresden

Die Häuser waren aus Stein,
die Bomben waren aus Stahl,
in Scharen traten sie ein,
in des Todes Wartesaal.

Am Himmel die Sterne -
sie waren bekannt,
doch ich sah sie so gerne,
darum bin ich verbrannt.

Die Sterne für die Flieger,
damit sie uns sah´n,
der Krieg kennt keine Sieger,
er kennt nur den Wahn.

Die Blinden

Vorbei die Träume der Beherrschung,
vorbei der Liebe langer Traum,
dazu ist der Mensch zu dumm,
zu klein ist seines Geistes Raum.

Und doch zugleich ist er zu mächtig,
rein und edel – wirklich gut,
am Sonntag blickt er auf – andächtig,
die Kirche gibt ihm neuen Mut.

Der Pfarrer, der war früher Nazi,
doch das stört die Schäfchen nicht,
auch Vater war mal bei der Stasi
und scheint heut´ im besten Licht.

Glauben heißt nicht wissen heißt es,
doch ich glaube, ich weiß nicht,
wozu dient des Lebens Stress,
das Meer der Lügen – seine Gischt.

Enden werden diese Zeilen,
doch nur wer sieht wird sie verstehen,
die Blinden werden lang verweilen,
nur wer nicht sieht, wird weitergehen.

Augenblicke

Dein Kuss, längst schon geküsst
und doch noch weich auf meinen Lippen,
Du schwirrst durch meine Gedanken
spielst dort mit bunten Schmetterlingen.

Probleme besprochen doch scheinbar so nichtig,
ein sanftes, wohliges Gefühl – einfach glücklich.
Die Sonne begleitet uns auf unserem Weg,
so wie die Libellen und die Fische unter dem Steg.

Der Weg ist das Ziel – ohne ein Ziel zu setzen,
keine Grenzen, keine Zwänge und auch ein Ende nicht.
Es ist das Gefühl von Freiheit, die mich erlöst,
auch wenn ich sie vielleicht nicht haben kann.

Bitte keine Sorgen, keine Ängste,
zwei Menschen die sich halten
und gemeinsam den Moment genießen
geborgen in Zärtlichkeit und Harmonie.

Danke für den Moment, wie lange er auch dauert,
danke für den Weg, wohin er auch führen mag.

Beschränktes Bekenntnis

Bestimmt bekamen Bedürftige
beim Beten bei Betel Beistand.
Bleibt Barmherzigkeit bei
beginnender Befremdung beständig?

Brausender Beifall bekräftigt Begeisterung.

Bröselnde Barockfassaden bekunden
Behandlungsbedürftigkeit.

Banden bringen Brutalität.
Biedere Bürger blicken bei
bedrückenden Bildern beiseite.

Begierde begräbt bestehende Bedenken.
Brennstäbe bringen Bedrohung.

Bin bange!

Das Symphonieorchester

Ein feiner Saal, mit Menschen angefüllt,
schon für sich ein schönes Bild,
die meisten tuscheln auf den Rängen,
die Musiker sich auf die Bühne drängen.

Achtundneunzig sind es an der Zahl
füllen aus den Spielplatz allemal
und das Publikum scheint schon zu fragen,
ob sie das Stück auch wirklich tragen.

Hier und da ertönen Klänge,
die herumirren in der Menge,
doch plötzlich - Abbruch - Totenstille,
dies ist wohl des Maestros Wille.

Er erscheint nun in der Szene,
er - der Herr über die Töne.
Er schreitet hin zu seinem Platz,
er beginnt den ersten Satz.

Sein glänzend Instrument,
das man als Taktstock kennt,
schwingt hinauf in seiner Hand,
Augen starren wie gebannt.

Wo noch eben Ruhe war,
bietet sich nun ein Wunder dar,
das man nur begreifen wird,
wenn man selbst es hat gespürt.

Musik erlebt mit allen Sinnen,
wenn Symphoniker beginnen,
mit Seelenkraft zu zelebrieren
statt einfach nur zu musizieren.

Vom Orkan zur Piccolo,
vom Elefant zum Wasserfloh,
vom Schneesturm hin zum Sonnenschein,
von der Geburt zum Totenschrein.

Jeder spielt wie ein Solist,
doch so, dass es ein Ganzes ist,
Insgesamt wohl ein Erleben,
das man nicht kann wiedergeben.

Wie ist der Dichter im Vergleich,
doch so erschreckend minder reich.

Das Zentrum der Welt

Das Zentrum der Welt ist tot,
versunken mit dem letzten Abendrot.
Der kalte Wind vereist die Tränen,
zwischen Meeresduft und Fischerkähnen.

Das Zentrum der Welt, das gibt es nicht mehr,
kaltes Nichts aus Stein und Teer.
Ein Trunkenbold liegt dort und pennt
und ahnt nicht, dass die Welt verbrennt.

Das Zentrum der Welt ist verschwunden,
man sieht nur noch die tiefen Wunden.
Das Plätschern der Wellen klingt mechanisch,
Gefühle gibt es wenn – dann nur spartanisch.

Doch alles was jetzt für mich noch zählt,
ist und bleibt das Zentrum der Welt.

HIV

Hello, my good old and only friend,
the final time has come to lend a hand.
Look at the grey autumn tree,
all leaves are gone, no green to see.

Heavy dark clouds all above,
no more songs, no hope, no love.
Just me and things should never come true,
this ugly illness no one wants – and you!

Not long ago – I watched the clear blue sky,
but now, only one question left – why?
The dogs are out to get me – lead me home,
I am sorry, crying, all alone.

If you look above, in the colour of blue,
Imagine me – it could have been you.

Abendstimmung auf einem Bauernhof

Die Sonne ging - so sollt's auch sein -
unter mit leicht rotem Schein.
Und in dem Bild aus zarter Muse stand -
mit mir nun gar nicht artverwandt -
ein dickes rosa Schwein.
Ist das nicht fein?

Der Drachen

Ein kleiner Junge steht im Sand
und lässt einen Drachen steigen,
den Strick hält fest er in der Hand,
den Elementen will er´s zeigen.

Schau, Peterle, so ist es gut,
weht der Wind auch noch so doll,
verliere niemals deinen Mut -
ach, Peterle, du machst das toll!

Doch dann - der Wind blieb Sieger -
riss plötzlich ab der Strick,
der Schock fuhr beiden in die Glieder,
wer holt den Drachen jetzt zurück?

Der Vater kam als erster drauf:
Lauf Peterle, lauf!
Als habe er darauf gewartet,
ist' s Peterle sofort gestartet.

Da nun gerade Ebbe war,
war weit und breit kein Wasser da
und Peterle, so schnell er konnt ',
rannte Richtung Horizont.

Peterle, du kriegst ihn noch,
Peterle, so laufe doch!
Lauf Peterle, Lauf,
halte du den Drachen auf!

Doch halt, der Drachen ist nicht mehr zu sehen
und auch Peterle ist fast verschwunden,
Peterle, so bleib doch stehen,
hast auch den Drachen du noch nicht gefunden!

Peterle kann den Vater nicht mehr hören
und wenn, so würde es ihn nicht stören,
er läuft so schnell die Beine tragen,
er will den Drachen wieder haben.

Die Flut, sie naht nun rasch herbei,
am Strand ertönt ein lauter Schrei:
Lauf Peterle - komm lauf zurück,
du bist doch mein größtes Glück!

Ein Drachen tanzt über dem Meer,
nur´s Peterle ist nimmermehr.

Abstrakt

Abstrakt, abstrakt –
wer hat bloß das Rind gehackt?
Kreise, Balken – kunterbunt
und mittendrin ein Mann mit Hund.

Abstrakt, abstrakt –
wer hat bloß das Rind gehackt?
Duett für Flügel und für Violine,
das Publikum verzieht keine Miene.

Abstakt, abstrakt –
wer hat bloß das Rind gehackt?
Zwei Scheißhaufen mit roten Fäden,
will Boys sein Publikum verblöden?

Abstrakt, abstrakt –
wer hat bloß das Rind gehackt?
Die Gesellschaft hat es nicht gepackt,
verloren ist der Staatskontrakt.

Die Insel

Ich stehe auf einer kleinen Insel, deren einziges Leben aus mir besteht. Ich bilde das Zentrum dieser Einöde und trotzdem bin ich nichts als ein Eindringling, der seine unbegründete Existenz fristet.

Das Leben steht vor mir, wie eine ferne Woge, die sich unaufhaltsam der Insel nähert. Ich weiß, dass sie über die Insel hinwegschlagen und mich in ihrem Sog mit fortreißen wird.

Ich habe keine Chance, dem Schicksal zu entrinnen - nirgendwo ein Schutz, nirgendwo ein Boot.

Auf der anderen Seite der Insel kann ich die Sonne untergehen sehen, die sich wie ein gesättigter Bär langsam in das Wasser senkt. Gesättigt durch das, was sie auf ihrem Weg gesehen hat. Sie hat auch über der Insel und über mir gestanden und uns beide mit Licht und Wärme versorgt. Doch sie hat uns auch ausgedörrt und auf Licht folgt Schatten, auf Wärme folgt Kälte.

Doch vielleicht - ganz vielleicht - kann ich auf der Spitze der Woge sitzen und mich von ihr in Gegenden tragen lassen, deren Existenz mir nie bekannt war - deren Größe und Schönheit mir bisher unvorstellbar sind - ja, vielleicht - ganz vielleicht.....

Das Staatsgefüge – eine Lüge

Wie überheblich von uns zu glauben,
dass wir dem Menschen das Tiersein rauben.
Wir hoffen auf Ethik, Religion und Philosophie,
doch erfüllen wird sich diese Hoffnung nie.

Unser Staat hat mehr Gesetze und Normen,
als große Denker, Lenker und Dichter,
versucht alles uniform zu formen,
dämpft und dimmt die hellen Lichter.

Wäre Justitia nur auf einem Auge blind,
so könnte sie noch sehen,
doch wem sie heut´ das Recht oft nimmt,
kann die Gerechtigkeit kaum mehr verstehen.

Das System ist so verkompliziert,
dass selbst der Staat es nicht kapiert,
hektisch dreht er alle Räder,
besser weiß es nachher Jeder.

Die Haushalte sind alle pleite –
die Staatsminister suchen das Weite,
für sie wird sich dies auch lohnen,
bei den so bescheidenen Pensionen.

Allen Anderen kann man alles kürzen,
die Regierung wird schon keiner stürzen
und wenn die Bürger zu laut mucken,
sollen sie doch mal ins Ausland gucken.

Dort gibt es Kriege, Hunger und Despoten,
im eigenen Land nur Idioten –
und hat das Volk nichts mehr zu lachen,
lasst uns halt beim Krieg mitmachen.

Bosnien, Irak, Afghanistan,
kaum ein Ort, an dem wir noch nicht war´n
und fehlt uns mal wieder jeder Sinn,
gehen wir noch wo anders hin.

Vielleicht könnten wir wieder erschießen oder köpfen,
nicht von Bone China essen, wir fressen aus Töpfen.
Jedem seine eigene Keule,
komm her, dein Kopf braucht auch ´ne Beule!

Am Ende statt Solidarität, Gemeinschaft und Harmonie
nur Egoismus, Narzissmus und Idiotie.

Die Schöpfung

Ich seh´ die Elemente toben -
die heiße Luft vibriert!
Ich muss den Herrgott loben,
wie stets die Schöpfung er zitiert.

Doch kann man das zitieren,
was man selber hat gesagt?
Hieße dies nicht sich hofieren -
obwohl Niemand danach fragt?

Und das Zitat bleibt unverstanden,
denn die Schöpfung blieb es auch,
Sie ging irgendwo abhanden -
lodernde Flammen, schwarzer Rauch.

Die Versehrten

Schaut nur - sehet die Versehrten,
teils verstümmelt, teils verstörten,
wie sie laut klagend vegetieren,
mit ihrem Wehleid kokettieren.

Wie sie sich behandeln lassen,
Mut und manchmal Hoffnung fassen
und doch - wie soll ich sagen -
die Besserung nicht könn´ ertragen.

Patient zu sein ist ihre Rolle,
das Sanatorium die Heimatscholle,
hier hat es noch Sinn, ihr krankes Leben,
ein Sanatorium würde es sonst nicht geben.

Leid zu lindern, Leid zu heilen,
ich kann es nicht und auch nicht diese Zeilen.

Eifersucht

Was bist du für ein starkes Gefühl,
von manchem zu wenig – von vielem zu viel,
Angst, Ohnmacht – Hilflosigkeit,
kein Gefühl für Raum und Zeit.

Du weißt ein wenig – es bleiben Fragen,
die Dich nerven, ärgern, plagen.
Was, wenn doch – und was, wenn nicht,
was wenn er die Wahrheit spricht?

Wieso – warum tut er das,
ist auf die Liebe noch Verlass?
Wo ist er – wenn nicht hier bei mir,
war er jemals wirklich hier?

Antworten wird es keine geben,
die gibt immer nur das Leben.
Nur auf eines kannst du bauen –
halte es fest – das Vertrauen.

Die Zeit

Siehst Du ihn, den neuen Morgen,
begrüßen wir den jungen Tag,
wird schöne Stunden er uns borgen,
bringt er uns Freude oder Plag?

Du weißt, Du kannst die Zeit gestalten,
sei kreativ und auf der Hut,
dann kannst Du abends innehalten
und sagen – es war gut.

Die Zeit wird immer weiter gehen,
nichts und Niemand hält sie auf,
doch nur der wird sie verstehen,
der beeinflusst ihren Lauf.

Keine Zeit ist absolut,
das sagt uns die Wissenschaft,
doch sie ist des Feuers Glut –
hat unendlich starke Kraft.

Auch meine Zeit wird einmal kommen
und dann schaue ich zurück,
hab mir von ihr ein Stück genommen
und daraus gemacht mein Lebensglück.

Ein letzter Blick

Du bist der hellste Stern der brennt,
doch nicht fern, am Firmament,
sondern tief in meiner Seele
bist Du es, mit der ich mich quäle.

Und wähne ich Dich auch in mir,
so bist Du doch nicht wirklich hier,
bist weit – bist unerreichbar gar,
bleibst für mich stets unnahbar.

Und müsste von der Welt ich gehen,
dürfte nur einen Menschen kurz noch sehen,
so wärst Du mein letzter Blick auf Erden,
welch ein Glück, so kurz vorm Sterben.

Denn das Bild eines Engels vor Augen,
gäbe mir Kraft an ewiges Leben zu glauben.

Gekappter Schlüssel

Gekappter Schlüssel – verlorenes Land,
Sprung in der Schüssel – Wiesen aus Sand.
Auf den Bäumen wächst Geld
und die werden gefällt wie´s gefällt.
Die Autos sind schnell und groß,
die Häuser luxuriös, hell – grandios.

Sie warten auf Moses und nicht auf Godot
und auf Jesus warten sie sowieso.
Wo der nur bleibt,
der lässt sich Zeit,
der kommt zu spät,
was auf keinen Fall geht.

Da sitzen sie in Perfektion,
treffen immer den richtigen Ton.
Sie sagen danke und bitte wie sich´s gehört,
sie rauchen und trinken und zucken verstört.
Macht aus Computern und Muskeln aus Pillen,
der Orang-Utan hatte auch seinen Willen.

Als der Mensch noch ein Affe war,
da war alles wunderbar,
dann kam der Schlüssel zum Paradies
und dann kam der Kies – das war mies.

Der Schlüssel ist gekappt,
das hat nicht geklappt,
es fehlte das Glück –
vorbei ist das Stück.

Ein Stück Scheiße

Ich ein Stück Scheiße, eklig, widerlich,
ich ein Stück Scheiße nur durch Dich.
Ich ein Stück Scheiße lieg nur so rum,
bin wie Scheiße – einfach nur dumm.

Ich als Scheiße, ein stinkend faules Schwein,
und ab und zu tritt einer in mich rein.
Ich als Scheiße, bin keine Wurst am Stück,
denn Du brachst mir obendrein das Genick.

Ich ein Stück Scheiße, wann räumt mich einer weg,
denn ein Stück Scheiße ist doch nicht mehr als Dreck.
Lässt man mich so liegen, vertrockne ich von innen
und der Wind lässt mich alsbald zerrinnen.

Ich ein Stück Scheiße, ach wär´ ich doch im Darm,
da wär´ es friedlich, wohnlich, warm.

Filmriss

Du, meine Liebe –
was ist bloß geschehen?

Bilder als Hiebe –
ich hab sie gesehen.

Als Fetzen am Boden,
mein größtes Glück.

War alles gelogen,
ein schlechtes Stück?

Die Bilder zu kleben,
das wär´ kein Problem,
doch fürs ganze Leben
bleiben die Risse bestehen.

Endlich Frieden

In Dayton wurde heut´ beschlossen,
dass jetzt nicht mehr wird geschossen.
Die Mächtigen zeigen sich auf dem Balkon
und die Tschetniks laden schon.

Doch wem soll ein Frieden nützen,
bei dem Tücher nur vor Schützen schützen?
Die Weltgemeinschaft saß zu lange stumm
in New York nur im Kreis herum.

„Endlich Frieden" flüstert die Mutter der Tochter zu,
die auf dem Boden sucht nach ihrem Schuh.
Vor dem Krieg suchte sie nach einem Paar,
als sie noch nicht einbeinig war.

Wie sie es liebte, mit ihren Brüdern Ball zu spielen,
vorbei – da auch sie dem Krieg zum Opfer vielen.

Erinnerungen

Ich war nicht immer schon so groß
und des Geistes so famos.
Oh, nein!
Ich glaub ich war auch einmal klein -
als Kind muss das gewesen sein.

Da war ich Bub - und gar kein schlechter,
ich sorgte stets für viel Gelächter,
was dann auch dazu führte, dass ich heute
Stimmung mach´ für Leute,
die mir selbst gar nicht bekannt.

Ist das nicht hirnverbrannt?

Ewigkeit

Hoch, tief,
schwarz, Loch,
Berge, Täler,
Herrscher, Joch.

Tektonische Platten,
Lieben, Begatten,
Flüsse, Seen, Ozeane,
Tränen und Lachen.

Sonne, Mond, Erde vereint.
Implosion vor Explosion.
Rote Riesen, weiße Zwerge.

Gasblase, Dunkelheit – im ewigen Nichts.

Frühling

Noch eben - alles grau und trist,
bis endlich Du gekommen bist.
Die Kälte weicht nun lauen Lüften,
die erfüllt von tausend Düften.

Der Baumstamm, ohne Laub gelitten,
ist in sein zartes Kleid geglitten
und auf dem braunen schweren Boden
wachsen nun Farne grün wie Loden.

Deine Boten - mannigfaltig,
die Vögel singen stimmgewaltig.
Samen, Sporen, Pollen fliegen,
um wirklich alles bunt zu kriegen.

Wenn man auch den Winter schätzt,
erst an Dir man sich ergötzt.

Familienleben

Der Mantel hängt noch dort am Haken,
an der Garderobe bei der Tür –
zu Hause Frau und Kinder warten,
er bestellt sich noch ein Bier.

Das Essen, das die Mutter machte,
ist seit Stunden schon verkocht,
der Mann, der Vater so weit brachte,
ist schon lange eingelocht.

Prügel haben wir oft bezogen,
egal ob mit ob ohne Grund,
so wurde viel zur Not gelogen,
denn nur so blieb man gesund.

Und während Mutter abends heimlich weinte,
Vater sich mit Kneipenkumpels einte.

Für meinen Sohn

Mein Sohn - ach wärst Du schon geboren,
hätte ich an Dich mein Herz verloren.
Nicht nur das Herz, auch den Verstand,
weil ich in Dir mein´ Meister fand.

Mit Dir würde ich - ohne zu sprechen,
auch das tiefste Schweigen brechen.
Würde Dir erklären, was Du fragst,
ohne dass Du etwas sagst.

Würde Tränen trocknen – eh sie fließen
und mit Dir unser Glück genießen.
Würde mit Deinen Sachen spielen,
die mir schon als Kind gefielen.

Mein Sohn - beeil Dich, kommt zur Welt -
ich hab schon mal zwei Bier bestellt!

Gedanken

Gedankenströme zirkulieren,
der ganze Äther ausgefüllt,
sie lassen die Luft vibrieren,
kreisen völlig unverhüllt.

Die Energie, die sie entfalten,
ist von uns Menschen unerfasst,
Gedanken nur für sich behalten
hieße eine Chance verpasst.

Ströme die zusammenlaufen,
bilden eine Union,
schaffen aus Gedankenhaufen
der Menschheit höchsten Thron.

Dieser Thron wird immer bleiben,
heute - jetzt, für alle Zeit,
Herrscher werden sich zerreiben
zu enden seine Ewigkeit.

Heim

Kalter Regen – dunkle Nacht,
ich fahre heim.
Die gleiche Stadt – die gleiche Straße,
ich fahre heim.
Vor der Tür ein neuer Schatten,
doch nicht mein.

Freunde kommen mit Problemen,
mieten sich mein Mobiliar –
ich soll ihnen helfen,
ist doch klar.

Der Schatten füllt mein Heim –
die Freunde gehen, sie gehen heim.
Der Schatten wird zu Masse
und lässt für mich keinen Platz.
Fahr ich zu meinem Schatz? Nein.

Sie ist ein Teil von mir
und von meinem Schatten.
Doch mein Schatten hat kein Heim -
er ist stets bei mir –
hier und auch daheim.

Getrübte Sinne

Was ging uns verloren -
verlorenes Land,
im Diesseits geboren -
ins Jenseits verdammt.

Was ging daneben -
seit ewiger Zeit,
was zählt das Leben -
zum Sterben bereit.

Was ist nun zu tun -
ist alles vorbei,
für immer nur ruhen -
wer hört diesen Schrei?

Frühlingserwachen

Die Sonne scheint herein zum Fenster
zum ersten Mal seit langer Zeit,
nach dem langen, kalten Winter,
macht sich Wohlbehagen breit.

Wie ist mein Zimmer jetzt so lieblich,
als habe es das Licht entbehrt,
so wie ich gerade denk an dich -
ob sie wohl auch das Vöglein hört?

Ich schließe sacht die Augen zu,
ein zartes Rot durchfließt die Sinne,
wie inspiriert mich diese Ruh' -
gleich zu schreiben ich beginne!

Wachgeküsst bin ich - und der Planet
vom Stern, der strahlend über allem steht.

Heimat

Wo ich einen Baum einst pflanzte,
wo ich mit meiner Liebsten tanzte,
wo mein Sohn mich Vater nannte
und an Ostern Feuer brannte.

Wo mich der alte Weg hinführte,
wo erstmals ich das Glück berührte,
wo Eltern und auch Freunde weilten
und sich das Leben mit mir teilten.

Wo zum Gruß mir zugewinkt,
wo Familie Freude bringt,
wo die Kirche friedlich stand
und mit dem Himmel uns verband.

Heimat - dieses Gefühl ist nicht zu fassen,
Heimat - und dennoch hab ich dich verlassen.

Ich komme

Ich sehe dem Tod ins Auge -
wohin sonst soll ich auch sehen,
denn mein einziger Glaube
ist - er wird mich verstehen.

Ich laufe dem Tod in die Arme,
er hält sie weit für mich auf -
dort find ich die Ruhe - das Warme,
es wird mein wichtigster Lauf.

Ich schreibe dem Tod meine Zeilen,
er liest sie nicht einfach nur so,
Tod - ich werd' mich beeilen -
Tod - nur du machst mich froh.

Tod - zu dir werd ich kommen -
du hast schon ganz andere genommen!

Heute

Gebändigte Kräfte – gefesselter Strom,
Häuserschlucht und Menschengruft,
heute.

Verdammt zu ewigem Lärmen.

Magnetische Pole ziehen sich nicht an.

Der Kranich, groß – doch nicht gesehen,
fliegt per Computer gesteuert; wohin?

Gefühle

Gefühle – wirst Du je verstehen,
dass ich nicht nur spiele,
wirst Du es je sehen,
dass ich Dich liebe?

Gefühle – ich will nicht, dass ich jemals unterkühle,
Du musst doch fühlen, was ich für Dich fühle.
Ist Liebe so viel mehr als wir empfinden?
Wie kann es sein, dass wir uns nicht mehr finden?
Kann man Gefühle – ja Liebe - unterbinden?

Im Wald

Ich ohne Begleitung in dir und doch nie allein,
in Gottes Schöpfung gefangen, so unsagbar frei,
der Besitz von Niemandem und doch alles mein,
die Sorgen so fern und Freude dabei.

Du bist die Majestät der Stille,
mein Vergnügen ist dein Wille,
deine Wege führen mich
und so ergründ ich dich.

Wo die Ruhe eben noch zum Greifen nah,
ist plötzlich deines Daches Rauschen da,
es trägt Musik zu meinen Ohren,
für diesen Klang bin ich geboren.

Das Licht, kaum je schöner als hier,
selbst im schwarzen Schatten der Tannen,
trage ich jeden Sonnenstrahl tief in mir
die nur du lässt entflammen.

Kinder

Kinder sind Spiegel,
Spiegel aus Glas,
sie prägen das Siegel,
das ich vergaß.

Sie lachen und weinen -
Sonne und Tau
und was sie meinen,
weiß ich genau.

Ich selbst bin ein Kind,
wenn auch nicht mehr klein,
doch dass sie es sind,
ist auch nur der Schein.

Vergangene Zeiten ziehen vorbei -
gestern schon damals - ein stummer Schrei.

Das Karo

Der Teppich ist rot,
der Rasen ist grün – der Schnee ist weiß,
das Leben ist tot,
was ist der Preis?

Der Maulwurf gräbt ein tiefes Loch,
doch er kann nicht sehen,
die vielen Maulwurfshügel sind nicht schön,
oder doch?

Die Tannen stehen gerade,
nur eine steht sehr krumm.
Ist es schade?
Nein, sie fällt nicht um.

Die Muschel muschelt vor sich hin,
grüne, gelbe, goldne Blätter,
dies ist der Chiffren Sinn,
das Du erlebt ein Donnerwetter.

Die Birke und die Palme auch,
nach altem Indianerbrauch.
Ob Herbst, ob Winter, ob April,
alles kalt und alles still.

Doch dort die Turbospritzpistole,
Sprache zwischen Mensch und Ding,
Laufen auf der Gummisohle
schließt des Lebens Nürburgring.

Liebe

Ein hypothetisches Konstrukt,
das komplizierter ist als Intelligenz,
einfacher als jedes andere Element.
Schlicht, natürlich, rein.

Unergründbar und doch ganz offenbar.
Unbeschreiblich oft beschrieben.
Unerreichbar – immer da.
Gegenwärtig in jeder Sekunde des Lebens.

Wer sie fühlt ist glücklich,
wenn sie fehlt ist man leer.
Sie bringt Erfüllung und unbeschreibliches Glück,
Zerstörung und Verhängnis.

Oft scheint sie verrückt und ausweglos,
doch wenn sie einmal endet
wird sie wieder beginnen von ganz alleine –
Liebe, ja, Liebe heißt sie, die ich meine.

Mehr als ein Bild

Als ich ihn bat, ob er nicht einen Sonnenuntergang
für mich malen könne, hatte ich nicht die geringste
Ahnung, wie reich seine Palette bestückt ist –
wie unendlich die Wahl seiner Farben.

Und als ich so da saß und das Entstehen seines
Werkes verfolgte, wurde mir bewusst, wie wenig
perfekt ich eigentlich war, wie beschränkt meine
Möglichkeiten und die eines jeden anderen
Menschen. Und doch ein Narr der, der sich für
nichtig hielte, der glaubte, seine Existenz sei
gar überflüssig.

Was, wenn ich ihn nicht gebeten hätte, das Bild zu
malen, wie es jeden Abend ein Mensch tat?
Was, wenn ich sein Bild nicht angeschaut und zu
schätzen gewusst hätte? Was, wenn das Bild –
ja vielleicht alles nur in unserer Phantasie besteht?

Schon am nächsten Morgen wird das Bild wieder
verschwunden sein.

Hoffentlich hat jemand daran gedacht, sich einen
Sonnenaufgang zu wünschen....

Nur ein Freund

Irgendwann lernt man sich kennen,
Zufall – Schicksal – einfach so,
schon beim Vornamen sich zu nennen,
macht am Anfang einen froh.

Man trifft sich und hat schöne Stunden,
verbringt gemeinsam seine Zeit,
fühlt sich irgendwie verbunden,
ist erfüllt von Heiterkeit.

Man geht ein Stück des Wegs gemeinsam,
so manch´ Erfahrung wird geteilt,
war man davor auch mal einsam,
davon ist man nun geheilt.

Und eines Tages – ohne Worte,
weiß man, dass es Freundschaft ist,
sie kennt weder Zeit noch Orte,
ein Freund ist der, der dich vermisst.

Ihm kannst du alles anvertrauen,
er hört aufmerksam dir zu,
ewig kannst du auf ihn bauen,
wenn´s sein muss, lässt der dich in Ruh.

Er wird auch niemals dich betrügen,
in Freundschaft ist kein Platz für Lügen.

Prag

Wäre ich ein Maler,
hier würde Farbe reichlich fließen,
wäre ich ein Gourmet,
hier tät ich es genießen.

Wäre ich ein Haus,
hier wollte ich stehen,
wäre ich der Wind,
hier nur wollt ich wehen.

Wäre ich ein Vogel,
hier wollt´ mein Nest ich bauen,
wäre ich ein Dieb,
tät diese Stadt ich klauen.

Wäre ich die Zeit,
hier wollte ich in einer Turmuhr schlagen,
wäre ich ein Fluss,
hier wollte ich die Boote tragen.

Wäre ich ein Paar,
hier wollte ich mich finden,
wäre ich ein Band,
hier wollte ich mich binden.

Wäre ich König,
hier wollte ich residieren,
wäre ich Fotograf,
hier wollte ich fotografieren.

Wäre ich ein Blatt,
hier wollte im Herbst ich fallen,
wäre der Donner ich,
hier wollte ich erschallen.

Wäre ich der Mond,
hier wollte ich wohl scheinen,
wäre eine Träne ich,
hier sollte man mich weinen.

Wäre ich ein Zug,
hier würde ich halten,
wäre ich Beamter,
hier wollte ich verwalten.

Wäre ich Komponist,
hier schrieb ich die schönsten Klänge,
wäre Sänger ich,
gäbe es hier nur Lobgesänge.

Und wäre Dichter ich,
hier würde ich Gedichte schreiben,
doch, dies ist mein Pech,
leider kann ich hier nicht bleiben.

Schiffsunglück (für Heinz Erhardt)

Wer brauset so spät noch durch brandende Wogen,
hat der Kompass den Seemann betrogen?
Es ist völlig duster, es brennt gar kein Licht,
woher nimmt der Seemann die Zuversicht?
Er leuchtet mit der Kerze
doch wohl mehr zum Scherze
in des Schatten Angesicht.

Doch dann grillt eine Pfeife
und es schrillt eine Grille....

Äh - doch dann gellt ein Schrei
und es schrillt ein Pfiff -
es lief auf ein Riff das Schiff
Ei, Ei, Ei
und es brach entzwei,
welch eine Schweinerei!

Die Männer, sie wanken
auf lockeren Planken,
ob sie zu viel Whisky tranken?
Die Männer, sie taumeln,
die Segel, baumeln.

Die Borste, sie bricht
und es macht der Knast...

Nein! Der Mast, er kracht
und die Bootswand, sie bricht,
worauf er Captain lacht und spricht:
Ich sah das Riff nicht ohne Licht!

Darauf nimmt er die Kerze und Puste sie aus
und mit dem Tod im Genick ruft er: Schiffsunglück!

See im Herbst

Der graue See ruht still -
kaum merklich bewegt sich das Wasser.
Nur ab und an, wenn eine Ente auf ihm landet,
tut er sich kurz auf, aber nur,
um die Furche hinter der Ente
gleich wieder zu verschließen.

Sicher sind die Bäume im Sommer schöner,
wenn sie voller Stolz ihr grünes Kleid tragen,
aber den Blick durch sie hindurch
kann man nur jetzt genießen.

Wie unendlich kalt muss dieses Wasser sein?

Und wie viel kälter der, der diese Kälte
nicht zu sehen vermag?
Ob Fische frieren?

Der Turm des Bademeisters blickt
verwaist zum Horizont,
wo die im Dunst liegende Dorfkirche
schon im Wasser zu stehen scheint.
Jetzt ist kaum vorstellbar, dass im Sommer
hier wieder Scharen von Menschen baden,
surfen und lärmen werden.

Niemand scheint sich für den See im Herbst
zu interessieren.
So stehe ich ganz allein an seinem Ufer.
Vielleicht genießt er es genauso wie ich,
sich von all dem Trubel zu erholen.

Ich gehe, um ihm seinen Frieden zu lassen
und nehme sein Bild in Gedanken mit.

Sie da

Sieh da, sieh da, der tote Wald,
den man nicht mehr kann retten;
Sieh da, sieh da, der tote Mann,
wer wird ihn wohl betten?

Sieh da, sieh da, das arme Kind,
der Bauch ganz dick vom Hunger;
Sieh da, sieh da, das kranke Rind,
die Augen voller Kummer!

Sieh da, sieh da, die Reaktoren strahlen,
da kann der Ingenieur so richtig prahlen;
Sieh da, sieh da, der Waffenschieber
hat Spaß an seinem Leben,
kann selbst den Ärmsten auf der Welt
für Geld seine Waffen geben.

Sie da! Auf – kommen Sie,
die Erde soll sich doch noch drehen!
Was zum Teufel meinen Sie?!

I C H habe nichts gesehen!

Sinn der Sinne

Die Welt ist so, wie wir sie sehen,
die Augen helfen uns verstehen.
Die Welt ist so, wie wir sie hören,
die Ohren helfen und erklären.

Die Welt ist so, wie ihre Lüfte,
die Nase zeigt uns alle Düfte.
Die Welt ist so, wie wir empfinden,
die Nerven uns mit ihr verbinden.

Wir sind so unsagbar klug,
oder liegt darin der Trug?

Wie sieht unsere Welt ein Blinder,
was empfinden kleine Kinder,
welche Töne hört der Taube,
worin liegt der wahre Glaube?

Materie bleibt nicht massiv,
wenn die Atome wandern,
ach, was sind wir doch naiv,
das Denken überlassen wir den Anderen.

Sonettenzyklus

Sonett 1

Ich liebte ein Bild ohne Rahmen,
dessen Liebreiz unendlich mir schien,
gemalt unter falschem Namen -
ich hatte dem Maler verziehen.

Ich sah Farben von Liebe und Treue
durch ein Prisma aus edlem Kristall -
ich weiß nicht, ob ich es bereue,
dass ich fühlte des Glases Zerfall.

Ich sah Farben und Formen verschwimmen,
doch erst viel später wurde mir klar,
das Bild musste in Tränen zerrinnen,
weil es von wässriger Farbe nur war.

So bleibt am Ende der Rahmen - der fehlte
und mich im Namen der Liebe so quälte.

Sonett 2

Mein Leben schien beinah schon leer,
als ich spürte, da ist noch ein Licht -
ein Licht im dichten Lichtermeer,
das durch warmen Schein besticht.

Wie ein Falter in der Nacht,
der sicher seinen Weg erkennt,
flog ich völlig unbedacht,
ohne Angst, dass Feuer brennt.

Ich kreiste um der Lampe Rund,
doch fand den Weg ins Innere kaum -
die Flügel wurden langsam wund,
es schien mir, wie ein böser Traum.

Ein Licht ist nicht Erleuchtung gleich
und macht nur für Momente reich.

Sonett 3

Ich glaubte mich unter den Armen,
die nicht wissen, was die Zukunft ist,
isoliert, verbannt - ohne Namen,
die Flagge der Trauer gehisst.

Ich kroch auf der Erde mit Tieren,
zum dahin Vegetieren verdammt,
ich zählte mich zu den ihren,
als hatte ich nichts anderes gekannt.

Im Schlamm und Dreck und in Pfützen
suchte ich nach meinem Glück,
doch ich fand keinen Halt - keine Stützen
und blieb auf dem Boden zurück.

Nur tief in mir, da war es klar,
dass auch dies ein wirkliches Leben war.

Sonett 4

Die Last meines Lebens wog schwer,
doch ich wusste, ich musste sie tragen -
und dann, von irgendwo her,
vernahm ich noch andere Klagen.

Ich spürte, ich bin nicht allein -
und tanzte in lockerem Reigen,
ich hakte ins Leben mich ein
und bannte das ewige Schweigen.

Wie ein warmer, sanfter Sommerwind,
der den Blütenstaub verteilt,
schwebte ich als Menschenkind,
dessen Sorgen fort geeilt.

Ich fand mich in besseren Welten,
in denen andere Regeln wohl gelten.

Sonett 5

Ich fühlte eine große Verwandlung,
die beinahe unheimlich mir schien,
ich tat jetzt bewusst jede Handlung
und konnte dem Elend entfliehen.

Ich sah die herrlichsten Blumen,
aus deren Kelchen Honig floss,
genährt von den fruchtbarsten Krumen,
über die sich mein Glück nun ergoss.

Ich sah Vögel, die ohne Ziel flogen,
so frei wie der Wind waren auch sie,
Vögel, die sich nicht betrogen,
getragen von der Fantasie.

Ich fühlte das Leben erwachen
sah das Feuer sich entfachen.

Sonett 6

Ich sah mich eins mit Raum und Zeit,
sah Fische durch das Wasser schnellen,
ich fühlte, jetzt war er bereit,
mich und mein Leben zu erhellen.

Die Sonne stand nun im Zenit
und zeigte mir den Weg,
ich ging durch Luft und durch Granit,
wandelte auf sicherem Steg.

Ich sah Felder, Wiesen, Weiden,
Saftig grün von feinem Duft,
ich wusste, hier wollte ich bleiben
zu schnuppern diese Frühlingsluft.

Erst wenn der Blumen Knospen springen
nicht nur Vögel fröhlich singen.

Sonett 7

Die Liebe ist eine Gotteshandlung,
die nur bedingt in irdischen Sphären liegt,
sie ist die haltende Umrandung,
die jeder fühlt, der wirklich liebt.

Ein sanfter Kuss, ein zärtlich Wiegen,
wie Klee im schüchternen Morgenwind,
kann darin wohl die Wahrheit liegen -
ist unser Schicksal vorbestimmt?

Ein goldener Engel mit Lamettahaar
spielte auf der Äolsharfe,
er sorgte sich so wunderbar,
wie Bienen um die Königslarve.

Die Winde trugen süße Düfte
im Liebesspiel der lauen Lüfte.

Sonett 8

Gehüllt in der Unschuld weißem Kleid –
erfüllt von warmer Wonne,
sah ich Gefühle unendlich breit,
in der noch milden Frühlingssonne.

Doch dann - es traf mich wie ein Schlag,
ich traute nicht dem falschen Blick,
wie Leben endet meist im Sarg,
warf mich der Anblick jäh zurück.

Die Augen, der Mund, die Haare so weich -
ich war wie stets von Sinnen,
ein Lächeln, das nichts anderem gleich,
es mussten wieder Tränen rinnen.

Kann man Liebe ganz verdrängen
und sie mit Willenskraft versengen?

Sonett 9

Dass die Liebe zeitlos ist,
sagte man mir - sei wunderbar,
doch ich bin eher Pessimist,
denn ich weiß, wie es wirklich war.

Sie lässt ihr Opfer niemals los -
ihr tödlich´ Biss ist wunderschön;
die Freude nicht, der Schmerz ist groß
ich liebte wohl mehr aus Versehen.

Denn wenn Liebe nur von einem Pol
und nicht von zweien ausgeschickt,
dann ist der liebe Basis hohl,
wie der Stumpf von einem Baum geknickt.

Nur der wird einst die Liebe finden,
dem nicht zuvor die Kräfte schwinden.

Sonett 10

Spürte ich am eigenen Leib
nicht die tausend Teufelsqualen?
Wusst' ich nicht - das holde Weib,
es würde immer weiter malen?

Sah ich nicht die bös´ Gefahr -
was sollt´ ich tun, um sie zu meiden?
Wiegt Freiheit mehr als blondes Haar -
wer dies nicht weiß, der muss halt leiden!

Doch, was tut man mit Gefühlen,
die unantastbar im uns walten -
es gelingt nicht, sie hinweg zu spülen,
oder gar sie auszuschalten.

Des Lebens oft so grausam Wende
ist Anfang stets doch ist auch Ende.

Sonett 11

Hat sie mich wohl je vermisst,
wenn ich stets nur an sie dachte,
weiß sie wohl was Liebe ist -
ob sie über mich nur lachte?

Ich wünscht´, ich könnt´ noch mal beginnen,
ich weiß, es würde besser sein -
ich kann mich jetzt nicht mehr besinnen,
bin ich des Geistes denn zu klein?

Doch halt - zu denken ist mein Laster -
scheint dies auch schizophren,
die Liebe ist ein heißes Pflaster,
man kann auf ihm nicht barfuss gehen.

Die Liebe ist ein Universum
unendlich weit - unendlich stumm.

Sonett 12

War sie wirklich je mein Weib,
hätte ich sie halten können,
hätte ich mir gesagt "schreib!" -
bevor Unglückslawinen rollen?

Hätte ich sie je geküsst,
ihr Liebestauben unter wohl geschickt,
hätte ich gefühlt die schönen Brüst´-
war ich so furchtbar ungeschickt?

Sah ich sie mit verbundenen Augen,
die weder hören noch verstehen,
sollt ich nicht an dem Nektar saugen,
sollt ich die Sinne mir verdrehen?

Du solltest Blätter niemals wenden -
schon gar nicht mit verbundenen Händen.

Sonett 13

Der Teufel dreht sich nie im Kreise,
er sieht sein Ziel - er kennt den Weg,
gebückt und tückisch schleicht er leise
über das Teufelsmoor auf seinem Steg.

Und um sich herum, da sieht er sie,
die Liebenden, die jetzt noch hoffen,
doch Gnade kennt der Teufel nie,
kein Schicksal macht ihn je betroffen.

Schon bis zum Hals im schwarzen Moor
singen sie noch ihre Lieder,
nur der Kopf schaut noch empor,
verschwunden sind die anderen Glieder.

Wer sich mit der Liebe eint,
sollte wissen, was Liebe meint.

Sonett 14

Liebe gibt es nur für die Greise,
sie ist viel mehr als Leidenschaft -
für Liebe gibt es nicht Beweise,
Sie ist eine himmlisch' Kraft.

Liebe hält mehr als sie bindet,
auf ihr gebaut ist diese Welt,
Sie ist es, die das Leben gründet,
Liebe kauft man nicht für Geld.

Menschen werden langsam älter,
darin sind sie alle gleich,
doch die Liebe wird nie kälter,
ihr prangend´ Rot wird niemals bleich.

Doch auch nach diesen vielen Zeilen,
weiß ich nicht was Liebe heißt -
auf bald, ich muss nun weiter eilen,
weil auch die Liebe ständig reist.

Meistersonett

Ich liebte ein Bild ohne Rahmen,
mein Leben schien beinah schon leer,
ich glaubte mich unter den Armen,
die Last meines Lebens wog schwer.

Ich fühlte eine große Verwandlung,
ich sah mich eins mit Raum und Zeit,
die Liebe ist eine Gotteshandlung -
gehüllt in der Unschuld weißem Kleid.

Das Liebe zeitlos ist,
spürte ich am eigenen Leib -
hat sie mich wohl je vermisst,
war sie wirklich je mein Weib?

Der Teufel dreht sich nie im Kreise,
Liebe gibt es nur für Greise.

Sonnets

Sonnets are a silly thing
they just know what is happening!

You may be blind – the sonnets see
at least they are a help for me.

When I die one day
and fly away
they will stay –
the darkest moon
death may come so soon.

I see the clouds right in the air
floating on like your fair hair.

Traum im Wind

Ein Tag wie ein Traum im Wind,
nur ich und Du – das himmlische Kind.
Wir gehen gemeinsam, wohin ist egal,
für Dich trag ich alles, ob Freude ob Qual.

Dich nur zu halten ist schon Religion –
Du bist ein Engel – ich Gottes Sohn.
Ich schließe die Augen und rieche Dein Haar,
ein Augenblick, der schon immer so war.

Wenn ich Dich erblicke, dann seh´ ich in Dir
wohl nur das Schönste und Beste von mir.
Du bist so fröhlich, so offen, so rein
und wir sind glücklich zusammen zu sein.

Wenn wir uns fühlen und streicheln und küssen
werde ich niemals etwas anderes vermissen.
Denn Du bist mein alles – bist das was ich brauch´
und Mauern sind gar nichts – sind Schall und Rauch.

Sternenzauber

Ich fliege durch die Nacht,
der i-Pod dröhnt -
der Weg genial erdacht
und die Maschine stöhnt.

Die Erde weit entfernt
fliege ich durch die Sterne,
ich habe viel gelernt -
und all dies tue ich gerne.

Das All versetzt mich in mehr Ekstase,
ich bin nicht mehr nur ich,
es scheint wie Wahnsinn - vierte Phase -
"wahrscheinlich Sonnenstich".

Erst das Bimmeln - Linie Acht -
weckt mich aus dem schönen Traum,
nun fahr ich wie zuvor bedacht
durch den Städteweltenraum.

Selbstzweifel

Blonde Haare – wild und sinnlich,
pulsierendes Blut in Strömen der Lust –
doch dann dieser Blick, so zart, beinah kindlich,
die Stimme spricht sehr selbstbewusst.

Proportionen wie die der Titanen,
die Aura einer anderen Welt –
Gedanken bleiben nicht in Bahnen,
nichts das sie im Zaum noch hält.

Spricht Unschuld nur aus diesem Blick,
oder ist es doch viel mehr –
es geht weiter, Stück für Stück,
doch jeder weitere Schritt fällt schwer.

Lass ich mich von nun an treiben,
ohne Angst vor all den Zwängen,
oder soll ich treu mir bleiben
und an Traditionen hängen?

Trendsport Himalaja

Am Fuße des Himalaja
ein Bergsteiger sehr traurig war.
Er wollt' so gerne auf den Gipfel,
doch kam nicht auf den kleinsten Zipfel.

Seine Ausrüstung hatte er vergessen,
vergessen leider auch den Proviant,
so hat er erst nur rumgesessen
und ist dann um den Berg gerannt.

Andere Menschen, die ihn sahen,
waren davon sehr angetan,
haben ihre Bergtour glatt vergessen
und rannten um den Berg stattdessen.

Diese Sportart hieß bald Turn-Around,
es gab ein' eigenen Runnersound
und ganz besondere Runnerschuhe,
der Himalaja fand keine Ruhe.

Es kamen immer mehr, die rannten,
und diesen Unsinn Trendsport nannten;
bald gab es Kioske und Döner Stände,
nur der Himalaja war bald am Ende.

Und was daraus die Lehre ist?
Zum Trendsport wird heute jeder Mist!

Venuskonstellation

Venus, Du Planet der Wonne,
ziehst vorbei und grüßt die Sonne,
deren Licht noch wärmer scheint,
da sie sich mit Dir vereint.

Gabst uns Fantasie für viele Jahre,
warst der Planet verliebter Paare,
Dir auch schon viele Dichter schrieben,
dass sie dich verehren, schätzen, lieben.

Doch gerade mich so zu beglücken,
der Sonne nah, ganz nah zu rücken,
dafür möchte ich Dank Dir sagen,
und Dir diesen Vers zutragen.

Mag man auch Spione schicken,
Dir Dein Geheimnis zu entrücken,
lass sie ihre Kreise ziehen,
bis sie in Leidenschaft verglühen.

Egal, was Astrologen sagen,
mit welchen Daten sie mich plagen,
Du bleibst doch der Planet der Liebe,
Geborgenheit, Zärtlichkeit und wilder Triebe.

Warum

Früher fragte ich sehr oft - warum,
heute weiß ich's besser - und bleibe stumm.
Mich hatten all die klugen Leute fasziniert,
die alles wissen, die man gern zitiert.

Bis ich merkte, auch sie reden viel Schrott,
sind keine weisen Päpste und nicht der liebe Gott.
Wenn alle klagen, "ach, wie geht´s uns schlecht",
lach´ ich nun umso lauter und rufe "Jetzt erst recht!"

Schau den Menschen in die Augen
und nicht auf ihren Mund,
dann kannst Du in ihnen lesen,
stellst Deinen eigenen Befund.

Vogelzwitschern

Die Vögel zwitschern immerzu,
ein Niemand bringt sie aus der Ruh.

Ob Regen fällt - ob Sonne scheint,
ob Hagel sich mit Sturm vereint,
ob Krieg ob Frieden - Freud und Leid,
die Vögel singen alle Zeit,
zu gar nichts sonst sind sie bereit.

Die Vögel zwitschern immerzu,
ein Niemand bringt sie aus der Ruh.

Naturgewalten brausen auf,
bestimmen wohl der Erden Lauf;
was keine Menschenhand vermag,
vollbringen Sie an jedem Tag.

Die Vögel zwitschern immerzu,
ein Niemand bringt sie aus der Ruh.

Könnten die Menschen sich wohl retten,
wenn Vogelstimmen sie nur hätten?

Zum Jahreswechsel

Silvester hält man schweigend inne,
resümiert das abgelaufene Jahr,
zählt Verluste und Gewinne,
sucht nach neu ergrautem Haar.

Denkt an schöne und an schwere Stunden,
an weite Reisen, die man machte,
heilt die zugefügten Wunden,
freut sich über Zeit, in der man lachte.

Die Frau des Hauses ist noch fleißig,
bereitet das Silvester Mahl -
zählt die Häppchen - zwanzig, dreißig,
für die Gäste langt es allemal.

Um 0.00 Uhr wünscht man sich das Beste
und widmet sich dem schönen Feste.

Warum die Welt sich dreht

Wer kennt alle Fragen,
um die sich alles dreht
und wer könnte sagen,
wo die Antwort steht?

Neue Fragen finden,
liegt darin wohl der Sinn -
oder vorhandene ergründen,
weil nur so ich bin?

Bleibt eine Frage offen,
so wird sie bestehen,
darauf die Welt muss hoffen,
nur so wird sie sich drehen.

Und fällt eines Tages auch die letzte Frage um,
bleibt die Erde stehen - und die Menschheit stumm.

Was kostet die Welt?

Finanzielle Interessen stehen in vorderster Front,
was juckt mich der Wald und das Meer?
Auf Ökos hab´ ich noch niemals gekonnt,
die nehmen das Leben so schwer.

Wer träumt schon noch von Zukunft,
statt von Auto, Haus und Geld.
Wem nutzt heute noch Vernunft,
wo nur der schnöde Mammon zählt?

Pflanzt du morgen einen Baum,
wird er heute schon gefällt.
Für Pflanzen haben wir keinen Raum,
die hat nun wirklich niemand bestellt.

Die ganze Welt ist schon zu kaufen,
ob DDR ob Flick
und die, die noch die Haare raufen,
verlässt schon bald das Glück.

Und fragst du eines Tages:
Na, was kostet denn die Welt?
Dann wird die Antwort lauten:
Du hast dem Leben die Zeche geprellt.

Was zählt

Auf seinem Finger dreht sich die Welt
und für ihn gibt es nicht viel was zählt.
Wenn auch viele von uns denken,
er würde sein letztes Hemd verschenken,
dann behaupte ich glatt,
dass er keines hat.

Er fährt nicht im Nobelschlitten,
er verschenkt sich nicht für Titten.
Er weiß alles – doch sieht nichts,
hört jedes Lachen, jeden Witz.

Er lässt im Tal das Bächlein fließen
und all die vielen Pflanzen sprießen.
Aus seiner Macht fließt nur die Wonne
und sein Sternbild ist die Sonne.

Doch einen Haken hat das Ganze
und das Problem ist die Balance.
Denn die Kugel dreht sich rund
nur solang sie ist gesund.

Hat die Kugel zu viele Macken,
weil wir Regenwälder hacken
und den Müll ins Wasser kippen,
fängt die Kugel an zu wippen.

Und wenn sie ihm vom Finger fällt?!
Nun, für ihn gibt´s nicht viel was zählt.

Zu Besuch

Die Zeit - unendlich, doch keine Zeit für mich,
die Weiten - unendlich,
Du bindest mich an Dich.
Verständnis für Jeden, doch ich versteh´ mich nicht,
Erleuchtung für Jeden, nur ich seh' kein Licht.

Worauf noch warten, worauf hoffen wir,
suchen im Labyrinth noch immer eine Tür.
Gehen immer im Kreis, immer die gleiche Runde,
von jetzt auf ewig, jede weitere Stunde.

Das Leben - vergänglich, doch ich vergehe nie,
Gedichte die bleiben, es bleibt die Poesie.
Lies diese Zeilen, lies mein ganzes Buch,
so hilfst Du mir auf die Erde, zumindest zu Besuch.

So hab ich Dir zu danken, ja, ich dank´ Dir sehr,
dankst Du mir auch - freu' ich mich umso mehr.

Weltweiter Wandel

Wälder weinen wie Wölfe.

Wo waren wir, während
wilde Wasser widerlich wurden?
Während wilde Wolllust weinerlich welkte?

Wollen wir wehmütig warten?

Was wissen wir wohlverstanden?
Welche Waffe wird, wenn Weltkrieg wiederkehrt,
Witfrauen wie Waisen wiederlieben?

Wie widerliche Würmer winden wir
wechselnden Wissens – weder Wille –
weder Wärme.

Wachsende Wunden, würgendes Warten.

Wo weilt Widerstand, welcher wundersame Wesen
wiederbelebt?

Wenn ich sterbe

Der Tod vereint die Menschen heißt es,
doch frag ich mich, ob dies wohl stimmt,
denn jugendlich dreist behauptete ich kess,
dass er das Leben uns nur nimmt.

So denke ich mir, wenn ich einst sterbe,
der Tag - mag sein - ist nicht mehr weit,
hinterlasse ich der Nachwelt mein Erbe,
denn dann ist es dazu an der Zeit.

Vielleicht nimmt sie mein Erbe nicht an,
weil sie keine Zeit hat für meine Ideen -
wenn schon ich selbst mich kaum erkennen kann,
wie soll mich dann ein Fremder verstehen?

Doch wenn nur ein Einziger sich meiner erbarmt,
war mein Leben nicht ganz ohne Sinn,
wenn dieser eine die Menschheit ermahnt,
nehme ich den Tod gerne hin.

Wer?

Es fällt ihnen nicht schwer,
sie kommen zur Wehr
von überall her.
Stiefel und Helm –
Held und Schelm
sich zusammengesellen.

Hopp, hopp auf die Stuben,
ihr lausigen Buben –
ihr werdet kapieren
mir zu parieren.

Der erste Marsch –
die Blasen sprießen,
als Schütze Arsch
kann man´s genießen.

Hier und da kommen Fragen auf:
Warum ging ich zur Wehr?
Doch sie kommen nicht drauf,
denn ob Sinn oder Quatsch,
runter den Hügel, hinein in den Matsch.

Kameraden sind Brüder,
nur die aus Pappe,
die schießt man nieder
und hat große Klappe.

G3 heißt der Helfer in der Not,
mit ihm schießt man die Feinde tot,
die – ob gelb schwarz oder rot,
auch ihre Helfer haben,
in ihrem eigenen Schützengraben.

Doch im Ernstfall – und der heißt Krieg,
zählt nur eins – und das ist der Sieg.
Beim atomaren ist das beste Verfahren,
sich schnell noch zu paaren.

Sieger ist hier, wer beim Erstschlag stirbt,
weil er in moralischem Gutsein krepiert.

Doch die bei der Wehr
sind davon frei,
nur ein Gewehr,
da ist nichts dabei.
Und warum, das weiß nur er
WER?!

Wie ein Komet

Sehet den Kometenschweif,
er ziehet in die Ferne
und wir – wir tun es ihm wohl gleich,
wenn auch nicht zu gerne.

Woher er kommt, wohin er geht,
wer könnte dies schon sagen?
Wohin galaktisch Wind ihn weht,
wer wollte danach fragen?

Wolkenlandschaft

Das Firmament ist der größte Kontinent,
doch sein sanfter Reiz - wie man ihn kennt,
liegt erst in dem Wolkenmeere,
ohne das des Himmels Blau
nichts wäre, als ein tristes Grau.

Wenn die Schäfchenwolkenheere
mal schnell mal langsam vorwärts gehen,
ist dies recht schön mit anzusehen,
doch die wahre Schöpferkraft zeigt sich her
in einem großen Wolkenmeer,
das wie ein Spiegel der Erde
Täler hat und hohe Berge.

Zuerst zeigt sich ein leichtes Weben -
scheinbar noch junges Wolkenleben,
doch diese feinen Maserungen
sind Boten großer Wucherungen.

Keinem Architekt noch Landschaftsbauer
ist es bisher je gelungen,
solch perfekte Formen aufzustellen,
die doch so schlicht unser Leben wohl erhellen.

Zyklisch kreisend, sonderbar
zeigen sich die ersten Spuren,
sie gehorchen keinen Uhren
und sind durch Reinheit wunderbar.

Doch in der Ferne zeigt sich schon,
wie des Kaisers hoher Thron,
die Macht des großen - des Wanderers Lohn.
Die Landschaft gleicht der Steppe sehr -
erst flach, dann steigt sie mehr und mehr
bis schließlich hohe Gipfel
das Ganze krönen wie Baumeswipfel.

Auf der Erde folgt ein hektisch´ Treiben,
wird es wohl heute trocken bleiben?
Ein Wechselspiel von Schatten und Licht
kündigt von der geifernden Gischt.

Die weißen Wölkchen sind längst fort
und was folgt scheint sehr gefährlich,
von einem unbekannten Ort
nahen graue Monster - langsam und schwerlich.

Sie scheinen über den Boden zu gleiten -
ihr Grau verschlingt die vorherigen Weiten
und schon spüre ich den ersten Tropfen,
es wird Zeit - ich werde klopfen.

Dann trete ich ein in das alte Haus,
draußen regnen sich die Wolken aus.
Danach ist fast alles wie vorher -
der Himmel ist blau und die Erde feucht und schwer.

Trauervers

Nur aus Zorn heraus zu dichten
und nicht der Dichtkunst wegen -
davon kann ich Euch berichten -
ist für Niemanden ein Segen.

Der Schmerz, der selbst die Feder führt,
gegen des Dichters Willen -
hat keinen Windhauch je gespürt,
hörte nie die Grillen.

Weiß nichts von galaktisch´ Dimensionen,
die tief in unserem Innern wohnen,
kennt nur Stumpfsinn - schwarz und grau,
niemals gelb, zartrosa - blau.

Nun kann auch er Zeilen gebären,
die zur Dichtkunst wohl gehören -
dem Dichter bleibt nur zu bereuen,
da Niemand sich an ihr wird freuen.

Die Kerze

Völlig aufrecht steht sie da,
mit weißem Kleid und weißem Haar,
die Füße fest im Kerzenhalter,
wirkt sie stark und fern dem Alter.

Doch dann kommt der Moment der Wahrheit,
ein kleines Zündholz sorgt für Klarheit,
wofür ihr Licht sich wird entzünden,
zur Messe gar - oder für Sünden?

Sie blickt umher in ihrem Schein
und entdeckt ein Glas mit Wein,
sieht einen Menschen, der gerade dichtet
und sich mit ihr Gedanken lichtet.

Jetzt brennt sie in Ruhe nieder,
hört seine Worte hin und wieder,
lässt ihren Wachs in kleinen Tropfen,
leise auf das Tischlein klopfen.

Der Zahn der Zeit nagt nun gewaltig,
sie verläuft, schrumpft, wird faltig,
doch sie die Jugend nicht vermisst,
da ihr Zerfließen wertvoll ist.

Noch eh ihr Docht sich neigt dem Ende,
klatscht der Dichter in die Hände,
sein Werk schuf er in ihrem Schein
und wird ihr immer dankbar sein.

Menschheitsgeschichte

Noch eben nicht da – und woher gekommen?
Und, ach, schon wieder auch zerronnen.

Widmung

Dieses, mein erstes Buch,
widme ich allen Menschen,
die sein Entstehen erst
ermöglicht haben:

Meinen Eltern, die durch
ihre Liebe und durch ihre
Erziehung meine Ideale prägten.

Meiner leider viel zu früh
verstorbenen Deutschlehrerin,
Frau Schlotmann,
die mich bis zum Abitur
als Tutorin begleitete
und mein Talent förderte.

Und meiner Ehefrau, die nicht
aufhörte, mich zum Schaffen zu
bewegen und mich ermutigte,
meine Schriften zu publizieren.

Vielen Dank an alle, die mich unterstützt haben.

Für Maybrit und Julia

Inhalt:

Impressum

Autor: Guiseppe Lorenzo Dinelli

Herausgeber: Frank-Martin Weiler

Herstellung und Verlag:
Books on Demand GmbH, Norderstedt
ISBN 978-3-8391-1319-6

Preis: 12,90 €